Tratado Kimbisa de Las Firmas. NSALA BACHECHE. Obakinoba Obatesi

NSALA BACHECHE. Tratado Kimbisa de Las Firmas.
Obakinioba Obatesi

NSALA BACHECHE. Tratado Kimbisa de Las Firmas
Primera Edicion 2010
© Todos los Derechos Reservados por David Camara

ISBN 0-9760446-2-8

Absolutamente prohibida la reproduccion y/o distribucion total o parcial del contenido de esta publicacion por cualquier medio.
Todos los Derechos Reservados.
Cualquier contravencion dara lugar a las acciones legales pertinentes.

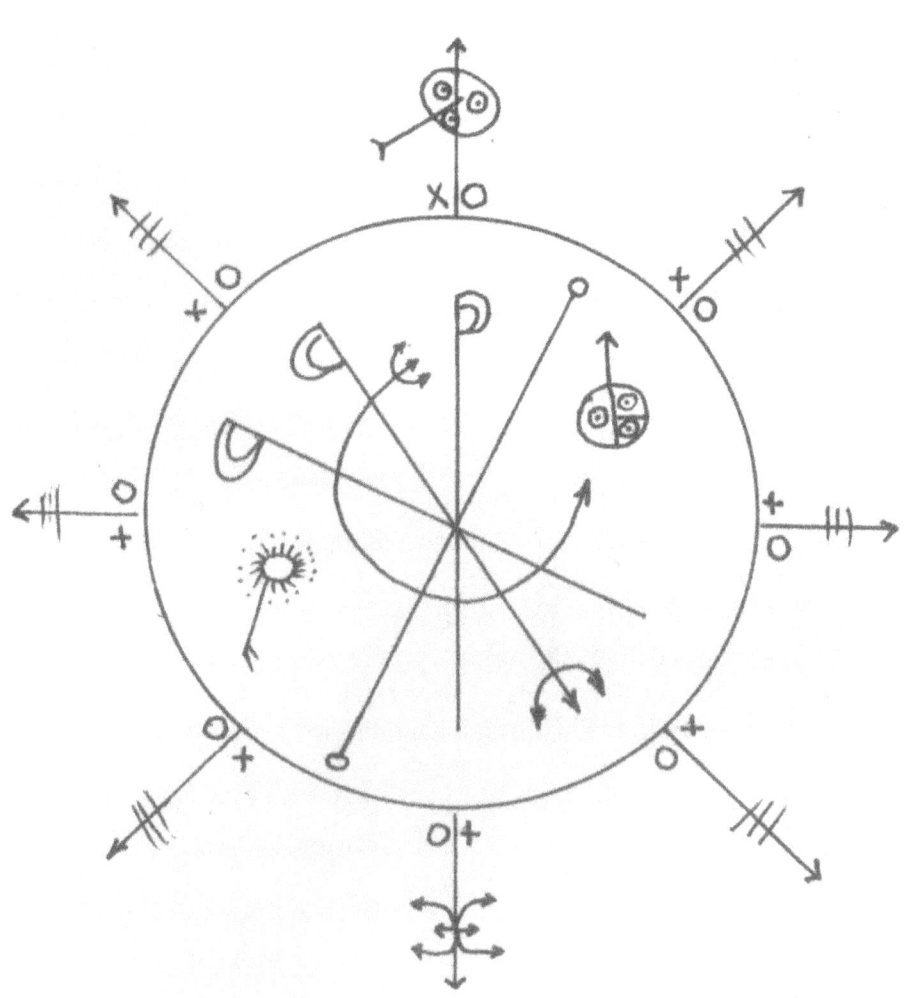

Firma de Lucero

TALANQUERA (Advertencia. Nota del editor) Como nadie puede transferir un codigo que no tiene programado, quien no kuenda Menga Nganga ni tiene la firma Ngombe o el Nkisi no tiene la llave para entrar a esta dimension; no kuenda nsala sin licencia Nganga Kimbisa por Decreto de Ogbeka.
Nsala Male

Agradecimiento:

La materia evolucionada de mis antepasados continua a traves de mi encarnacion haciendo obra en La Tierra. Eso dice Obara.

El Indio camina conmigo; Abuelo, Ta'Miguel y Ta'Jose, Ta'Julian y Ña'Francisca, Trina, Miki, Leticia, Lola, mis Iyases, Alfonsito mi primo con los collares de Damajuana bajando de La Sierra, Nestor Pelaez Kristo del Buen Viaje, Nazario que evoco a Kimbisa Ntoto despertando la informacion que recibiera durante los primeros 7 años de la vida que El ha elegido para continuar el compromiso Nganga de los Flores a quien orgullosamente sirvo junto a Mi Padre, mis Doctos Maestros Lucio Estevez, Rogelio Martinez Fure, Teodoro Diaz Fabelo, con la ayuda de los cuales logre comprender mi destino en africano y alcanzarlo tambien en africano.

Muchos Hermanos a quien agradecer el agua de la Sabiduria y el pan incondicional de la Alianza y La Amistad en El Camino: Puchuli, Salvador Gonzalez Escalona, Paco Luna, Alcides de Quezada, Quique Ampudia en Camaguey. Felicia, Fidel y Carmita, El Gato, Los Coto, Loquillo, Miguelito El Aguila, Benjamin Ferrera, Nelson Peña, Norberto Fuentes en La Habana. En Venezuela Juancho Salazar Meneses con quien comparti **Origenes** y Gustavo Ceballos con quien disfrute la realizacion de **Africanias**; El Nagual Deblois, Marcelo Hernandez, Beatriz Lucero que Nsabiampungo sigua bendiciendo. Muchos Maestros encontre en Espiritus como Bolivar y Marti, el Negro Felipe y Guaika que me dieron la gracia de La Reina Maria Lionza: Restos de Jose Gregorio Hernandez bendecidos por el Arzobispo de la Diosesis de Caracas que hoy viven en mi Nkobo.

Establecer La Alianza entre Kimbisa y Mayaka con el Tata Humberto Carballo Sastre al consagrar Nsambiampungo confirmo que era necesario alcanzar Igba Iwa Oricha para Unificar Las Tierras de Palo y Ocha incluyendo a Ifa, como al Principio. Ese fue el Mandato de Ta'Jose. Ireteansa y su Oluo Ciguayu Ogundaleni, Presidentes de los Templos Yoruba de Venezuela y Puerto Rico me entregaron mi Ifakan y el Programa Cultural auspiciado por Yorubas de Ife y Cuba para colonizar la Regla Lukumi, humanizarla y aculturarla cercenando La Divinizacion al no reconocer el ritual de Oricha Egun. Que "congo era atraso" como si perro con 4 patas tuviera dos caminos.

El Camino para Vencer lo facilitaron Espiritus de Luz como la Yaya IyaOlorun, Mi Madrina Omitoke, Echuchubi, Changolari y Baba Emi Chango y Elegua en el signo que Olofi otorga la invencibilidad. Ellos todos hicieron posible el ebo y que un dia sucediera tanta Bendicion y el Tata produjera otra alianza ancestral con el Alaguabana Ejiogbe de Vititi Kongo que heredero de La Ciencia Lamberto Sama Oguntoye oficio la consagracion de Igba Ache debajo de La Ceiba en el Munanso en Puerto Rico con la Bendicion de Olodumare y Bogbo Oricha. Hemos cumplido en esta encarnacion y estamos agradecidos a todos los que han colaborado.

Palo, Ocha e Ifa consagran La Divinidad para que se manifieste en La Tierra y.El Cielo. Dice Obara Ogunda que en la colaboracion esta el secreto de Olofi para Vencer.

Tratado Kimbisa de Las Firmas. NSALA BACHECHE. Obakinoba Obatesi

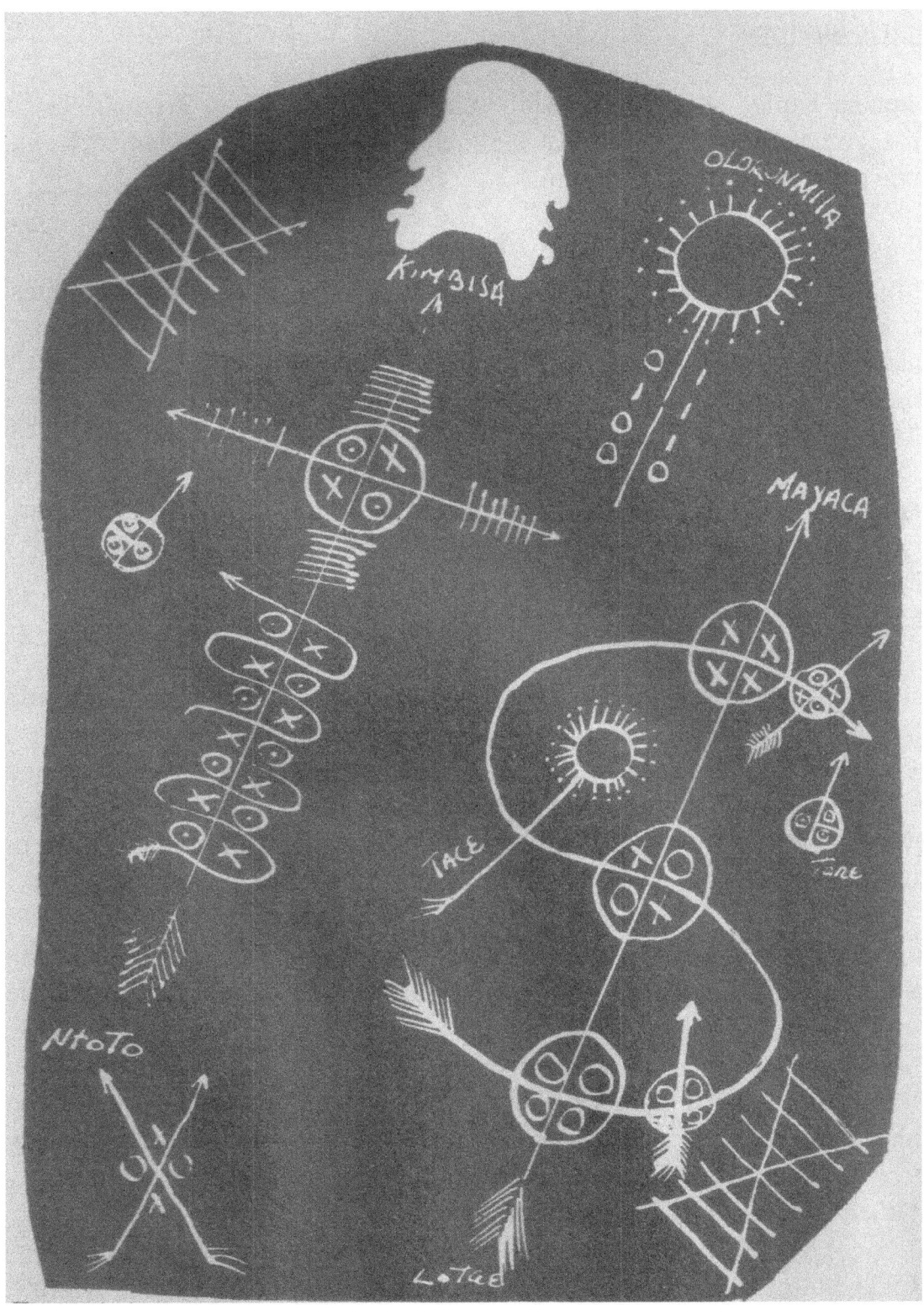

Firma de la Orden Kimbisa Ntoto que revela los fundamentos de La Regla Sutumutukuni como origen de las Ordenes de Palo Monte, Mayombe, Ocha e Ifa.

Ntondele kuame.

La Ciencia Konga se expresa en el Lenguaje Kongo: **Las Firmas.** Tanto Paleros como Olochas y Babalaos tienen Firmas como Fundamento que procede de la Regla Sutumutukuni.

La Regla Sutumutukuni se mantuvo secreta en Cuba y sus seguidores mantuvieron la unidad en las Ordenes de Palo y Ocha y sus mas importantes secretos estan escritos en Firma. Conocer el significado de una Firma y ademas ser obsequiado con el poder de usarla requiere algo mas que Lucenda: fundamentos.

Las Firmas kongas y lukumi contienen la base de Conocimiento de las formas de energia kosmica que vibran Ntoto bajo la influencia de Ntango y Mposi. Las Firmas son signos cuyo significado esta inmerso de Sabiduria Kosmica que viene a La Tierra a servir a La Divinidad del Humano y dan origen a los sistemas oraculares africanos.

Descifrar esa sabiduria kongo Lukumi contenida en Las Firmas ha sido posible gracias a un Muerto que kuenda Ntoto en un Muluguanga Kimbisa Oni Oni Obakinioba con Igba Iwa Ache Oricha, Corona de Olodumare que unifica Las Reglas Sutumutukuni y Ocha. Son muchos los Poderes secretos del Palo, la Ocha e Ifa los que ese Muerto pone en Tu Camino, ahora, en tu language, con este libro.

El Juramento que hiciera el Licenciado David Camara en La Prenda, con Baba Emi y Ate, La Estera, estaba bien organizado Nsulo para servir de instrumento de Bendicion Ntoto.

El autor explora las Fuentes de conocimiento epistemologico que hacen posible interpretar el contenido de La Firma de la Orden Kimbisa Ntoto y descubre al lector que las Ordenes de Palo, Ocha e Ifa tienen su origen y Fundamento en la Regla Sutumutukuni.

La Regla Sutumutukuni esta Ntoto desde que Nsambiampungo enviara a Los Espiritus a poblar La Tierra mucho antes de que Obatala bajara a modelarlos y darles Ori.

Prologo del Obakinioba Obatesi

El proceso transcultural sufrido por las tradiciones orales africanas en el Nuevo Mundo han llevado a concebirlas independientes una de otra como si no fuera un principio basico, una ley, que "el Muerto pare al Santo" y las Ordenes de Palo no tuvieran nada que ver con las Ordenes de Ocha para propiciar La Divinizacion del iniciado como Oricha Egun.

La mayoria de las Ordenes de Palo actualmente tienen como objetivo la consagracion de Nkisi Ntoto; las Ordenes de Ocha consagrar Nkisi Nsulo, como si el iniciado se limitara a ser solo Egun o solo Oricha. La Regla Sutumutukuni fundamenta la union de las tradiciones de Palo, Ocha e Ifa porque su proposito es la consagracion integral de Oricha Egun.

Para lograr la consagracion integral del Nkisi hay que propiciar la evolucion de Egun y la Nganga es un instrumento de Egun para obrar. Egun evolucionado Nganga, conectado en Opa con Bogbo Egun que acompañan al iniciado y consagrado Oricha es el procedimiento que exige La Regla Sutumutukuni para cumplimentar el proceso de divinizacion que las tradiciones de las ordenes de Palo y Ocha, transculturadas de su origen han impuesto para evitar una divinizacion que el humanismo rechaza como estigma judeo-cristiano.

Opa es Fundamento historico de la Orden Sutumutukuni y Ocha, un nexo que une ambas Reglas a pesar de que Ocha, por la transculturacion, carece de Fundamento para unificar Nganga y Opa. Nganga en Sutumutukuni se une a Opa para propiciar Ori.

En esta edicion reviso las ediciones previas de <u>La Doctrina Kosmica Kimbisa</u> con el proposito de mostrar las evidencias epistemologicas de que la **Firma de la Orden Kimbisa** sintetiza El Conocimiento Ewe y establece El Fundamento de La Regla Sutumutukuni. La Cultura Ewe asimila a todas las etnias culturales ancestrales que pueblan actualmente Ntoto, La Tierra. La Cultura Batu preservada en la Regla Sutumutukuni sintetiza y rescata el conocimiento del tiempo en que las cosas fueron creadas por Nsambiampungo muchas civilizaciones antes de que Dios se reprodujera en los nombres de todas las cosas y Egun conservara esos nombres Nganga y abierto el Camino de Regreso para los Nkisi.

Tratado Kimbisa de Las Firmas. NSALA BACHECHE. Obakinoba Obatesi

Un guerrero necesita un buen Muerto.
Cuando consagramos Nsambiampungo en Venezuela en 1981 con el Tata Humberto Carballo Sastre unificabamos el poder de la Nganga del Palo Monte con la Nganga Mayombe y se consagraba otra Nsala requerida para completar el Tratado de la Regla Sutumutukuni .
Ta'Jose, el Nfumbe Nganga Mayaka fue Hijo de Ochun y Oba de Ocha.
El Conocimiento de Palo y Ocha de Ta'Jose incorporado a la Nganga Kimbisa fue Luz para descifrar los codigos secretos de La Regla Sutumutukuni.
Mbonda.
Guiriko.

Kimbisa Ntoto reune El Conocimiento que el devenir historico disocio entre diversos grupos etnicos que han vuelto a sincretizarse en el Nuevo Mundo de la Diaspora. En Cuba la Orden Kimbisa preservo su preminencia entre todos los grupos que forman parte de esa Diaspora Africana en el Nuevo Mundo, especialmente entre las tradiciones Kongo, Oyo e Ife. Su trascendencia y preminencia en la sociedad contemporanea se fundamenta en todos y cada uno de los siguientes valores esenciales para todos los exponentes de la Cultura Ewe:

- el Fundamento de Palo Monte y el Fundamento Mayombe con Fundamento de Ocha estaban unidos en la Regla Sutumutukuni que vino a Cuba a principios de La Conquista y fue asimilada en la Diaspora Cubana desde el siglo XV que llegaron los primeros Reyes esclavizados con su Corte hasta La Convencion que los califico de "atraso" por la influencia colonialista de Ife a partir del siglo XIX y la sustituyo por la Regla Lukumi ya probada en la colonizacion del Imperio de Oyo y sustituyo el culto a La Divinidad por el culto al Hombre. Cuando la Verdad llega la mentira se retira avergonzada.

- El Nfumbe, Ofe, El Testigo, en el proceso de divinizacion de La Humanidad sin el cual no hay Lucenda, --del mismo modo que sin menga y sin Firma no hay Pacto, Iku lobi Ocha, sin Muerto no hay Santo,-- requiere herramientas para manifestarse Ntoto. La Prenda vibra emitiendo energia, informacion y consciencia a todo el que ha dado menga Nganga --hueso con hueso no endiata-- mientras Ntango Lulemba. No hay facenda entre paleros.

- La Consagracion a Chamalongo, tratado ritual preservado como legado por la Orden Kimbisa Ntoto abre la puerta al conocimiento de Las Firmas y la capacidad de sincretizar el conocimiento de Egun y Ewe con todos los grupos etnicos africanos y todas las culturas que participan en este proyecto cultural llamado Nuevo Mundo.

- El Nganga que tiene Pacto con el Muerto transmite La Nsala a partir de la Firma Ntoto kuenda Nkisi como un instrumento de La Divinidad que todos identifican y reconocen que procede del Cielo y se conecta con El. Su Sabiduria Oracular se expande cada nueva consagracion desde Chamalongo en Palo, hasta la Ocha e Ifa.

En la siguiente grafica reproduzco una compilacion de Firmas de los diferentes Juegos y Potencias que el Maestro Don Fernando Ortiz califico de "firmas o trazos lineales usados por los ñañigos como simbolos del titulo de cada uno de sus juegos o potencias, como emblema de sus altos cargos jerarquicos o signos magicos empleados en sus diversos ritos cripticos" en edicion de la Coleccion Raices de La "Tragedia" de los ñañigos, Publicigraf 1993.

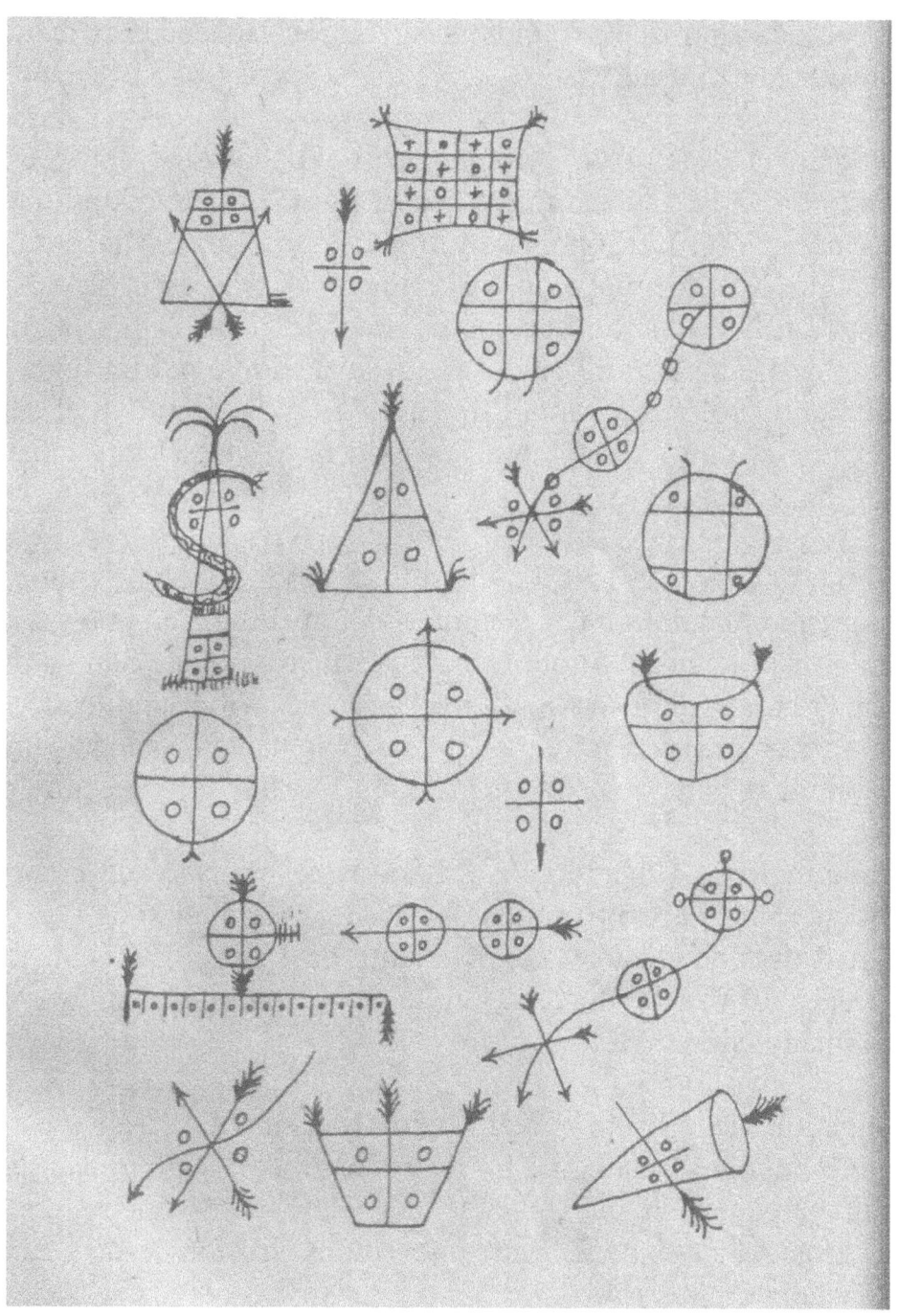

Las Firmas, ademas de emblemas, son signos cuyo significado son compendios de Sabiduria para conducir energia que una vez consagradas se acumulan en Orun y en la medida que reciben energia potencian su accion Ntoto a traves de Nkisi.

La Firma Kimbisa revela la fuente de la que se nutre La Sabiduria kongo lukumi. Interpretarla y difundir su profundo significado es un reto consagratorio. Hay que tener el Fundamento que dice El Tratado.

La Prenda Sutumutukuni es una herramienta de Egun que comunica con La Firma. Cada Fundamento que se consagra es una nueva dimension a la que se logra acceso. Uno lleva al otro. El Fundamento es La Llave que abre las puertas; la Llave es el instrumento que sirve a La Prenda, el Espiritu, La Deidad y a la Divinidad y el Nkisi tiene que ser uno con ella. El Ita esta diseñado como un programa para preservar util y poderosa la herramienta del Muerto y Ocha y en Ita se sabe si un Olocha cumplio su responsabilidad con Egun sin otorgarle a su encarnacion el beneficio de La Prenda. Si es un Nkisi, Iku viene siendo un instrumento de Oricha Egun para Vencer con la Bendicion de su Alagbatori. Esa Consagracion del Muerto como Oricha Egun requiere que el Nkisi reciba La Corona de su Odu en camino a completar Ita.

Sigue siendo requisito Sutumutukuni --kongo lukumi-- haber recibido las consagraciones del Bautismo y La Confirmacion Catolica Apostolica Romana para coronar Olori con la gracia de los Egun que caminan con la persona. La tradicion de Ocha Lukumi en el Occidente de Cuba recibio el impacto transcultural Yoruba de Ife que se impuso por Convencion en Cuba a finales del siglo XIX y no tomo en consideracion ese Poder Consagratorio del Bautismo --nadie puede dar lo que no tiene-- debido a su programacion protestante del colonialismo ingles y ahora muchos reciben una Corona que no puede dimensionar porque no tiene el concurso del Egun capaz de transferir data compatible --o lenguaje computable-- al programa cultural que se les ha implantado --evangelicos, judios, musulmanes y sigo nombrando -, que relacione realidad y conocimiento.

Solo en el contexto cultural catolico se pudo realizar el Ideal de La Diaspora Africana y alcanzar el grado de evolucion de la Cultura Cubana que transfiere todo el conocimiento Ewe que esta siendo traducido del español a todos los idiomas.

El Fundamento de todas las tradiciones que integran el culto a Mpungo, Nfumbi, Egun y Orichas nace en **Nsala, la firma** donde se monta al Nfumbe. Esta firma solo esta presente en las tradiciones Kimbisa Ntoto y Mayaka Tace Tare Lotae.

Nsala, La Firma del Nfumbe, representa La Trinidad konga, Trinidad que por primera vez se manifiesta en la Cultura Humana al concebir y atribuir a NtangoMposi, la union de los poderes materiales que mueven al Sol y a La Luna, como un matrimonio del que nace Ntoto, el simil de La Trinidad, La Tierra, residencia de Los Espiritus en transito.

Kimbisa y Mayaka son los custodios de **Nsala, la Firma** que nace en La Trinidad konga de Ntango, el Sol y Mposi La Luna con Ntoto La Tierra y la Voluntad de Nsambiampungo.

A partir de la evolucion del 3 manifestado en **La Nsala** se originan todos los sistemas oraculares que nos permiten intercambiar informacion entre **Nsulo, el Cielo, Orun, y la Tierra, Aye** incluidos en orden de ancestralidad Chamalongo, Obinu, Nkobo, Dilogun e Ifa.

La primera Firma que se planta es la del Nfumbe. **Iku lobi Ocha.** La Firma de Nfumbe Kimbisa es la unica firma de todas las Potencias que nace en 3 lo que significa que antecede y da lugar al Oraculo del 4, Chamalongo que evoluciona del Muerto a Ocha cuando se incorpora a Ofe, el Testigo, Orunmila en la tradicion de Biague y Adiatoto, confirmando la presencia del Muerto, Orun, como Testigo de lo que Iku, Eyo, Ofo y Aiku dicen en Obinu.

Numerologicamente hablando el 3 pare el 4 quien pare a su vez al 5 y asi sucesivamente fueron originandose las cosas. De 4 elementos consagrados, Nkisi, se originan 5 Letras: Itatu-Alafia, Tatu-Itaguo, Yole-Eyeife, Yesi-Okana y Mpimba-Oyeku, que es La Prenda mbondando bacheche arriba Ntoto en nombre de Nsambiampungo. **Nkobo** nace y tiene fundamento en la **Firma de Nsasi** y se compone de 7 Nkisi hablando en 8 signos o aspectos de Odu y **Dilogun**, que nace con Olodumare y las Aguas hablando en 17 signos o aspectos de Odu. **Ifa**, el sistema adivinatorio atribuido a Orunmila, se limita a 16 aspectos de Odu que vienen de Orun debido a que su sistema no pare como el Caracol de Olodumare, que se manifiesta como el poder divino creativo de Aiye y Onile en Opira.

Primero es El Muerto. Sin el Muerto no hay transferencia de conocimiento de los significados de La Realidad, Ocha. Sin el concurso y la ancestralidad de El Muerto, Ocha, La Luz, no es accesada como consciencia kosmica. Ifa dice en Iretekutan, el Odu donde se conectan los hemisferios cerebrales para convertir la luz en informacion *"que abriendo un hueco en La Tierra se alcanza el Cielo"*.

La Orden Kimbisa tiene Fundamento Nganga en el mas antiguo linaje kongo y Kimbisa habla del principio del tiempo, de cuando Ntango y Baluande hicieron el pacto y del aliento del Fuego, La voluntad de Nsambiampungo construyo las aguas para crear Ntoto como Munanso Nkisi de los Mpungo Nfumbi, los Espiritus que transitan el Camino a La Luz, Ocha.

La Orden Kimbisa preserva el fundamento ancestral de la Regla Sutumutukuni, que include Palo, Ocha e Ifa. En esta edicion se evidencia su ancestralidad no solo en su capacidad de sincretizar todas Las Ordenes de Palo Monte, Mayombe y Ocha e Ifa, sino por ser el punto de partida de todas Las Reglas y soporte de Unidad como fundamento epistemologico de todas las tradiciones africanas.

El caldero Kimbisa es Mpungo, no lleva Kiyumba. Los espiritus de los palos que viven Nganga y los animales y aguas y tierras de los 4 Puntos Cardinales guian al Ngombe kuenda bacheche; Nganga es Lucenda y obra como la consciencia del Nkisi en la Nganga Kimbisa. Cada Nkisi es un polo nsambi-ndoki de Nganga que va a necesitar determinadas Nsalas, Firmas que lo apoyen para ser un adecuado instrumento Nganga.

Veamos la perspectiva religiosa evolucionada hacia La Ciencia. El Nkisi vibra Nganga y es un Fundamento ritual en si mismo; su nivel de consciencia correspondera a la evolucion de Lucenda como Olori. Palo y Ocha se complementan en el Nkisi.

La tradicion cuenta que el primer Muerto fue Fundamentado Nganga para comunicar el mundo de los vivos con el de los muertos e instrumentar la transferencia de conocimiento de la realidad kosmica que transita La Luz a Lucenda.

Nganga es la residencia de un Nfumbe que vibra en La Tierra en la frecuencia de una Firma. El efecto de la evolucion ndoki es nsambi y vice versa y se incrementa en 9 onas --universos paralelos donde conviven Nfindo, NsambiaMpungo, Oricha Egun y las Divinidades y Deidades de La Ocha.

Como Obakinioba debo enfatizar en la importancia de transitar el camino kongo antes del Lukumi para completar el camino con Bendicion de Egun y recursos de poder para que esa bendicion llegue.

La Prenda es un instrumento de Egun que se materializa Nkisi. Cuando un Nkisi hace Kariocha el Muerto se consagra con el y amplia a Ocha su capacidad de transferir informacion de Orun e interpretar la realidad, Aiye. Consagrarse en Palo no es lo mismo que no consagrarse en Palo.

Nsulo, Orun es accesado por diferentes manifestaciones de evolucion o vibracion de Odu, desde el Chamalon hasta Ifa.

Nsambiampungo y lo Dual, nsambi-ndoki, las dos caras de la moneda, realidades que solo se unen Nganga. Eyiogbe en Ifa, paralelos que no se unen sin el concurso colaboracionista de todos Los Poderes representados en La Firma Nganga. ObaraOgunda y Ogbeyonu son los ejecutores de Su Ley. Se manifiesta en Ifa Osalofobeyo donde Nsambia y Nkasi estaban sentados a la Mesa definiendo las funciones del Ndoki. Baja a La Tierra en Ogbebara despues de haber realizado los ebo de Ogunda Ika y Iretekutan.

Esta Firma representa la Potestad de Kimbisa para obrar bueno y malo y Vencer Batalla. Corona La Firma de La Orden con la Potestad de Nsasi Malongo y el con el Nfumbe y el Sol Mayaka en Ogunda Ika kuenda menga Nganga. Representa el Sello Sagrado de Nsambiampungo que habla en Ogbeka.

NtangoMposi en Regla Sutumutukuni contiene todos los codigos vibratorios solares y lunares que rigen cada materia ; Orunmila en Ocha e Ifa es la memoria de Orun que transfiere el significado de esos codigos a traves del Muerto, el Testigo, al Nkisi Nganga.

Es un signo en el que la vibracion procedente de Ntango Olorun y Mposi corresponde en concepcion con las tradiciones de Ocha e Ifa en la base de datos que permite transferir conocimiento de cada codigo binario, Odu, uno de los 264 Espiritus que descienden vibrando desde el Sol y La Luna a una forma de materia Ntoto y consagrarla Nkisi.

La Firma de Orunmila en Ogunda Ika, confirma la exigencia de consagrar Igba Iwa Oricha para poder reclamar la unificacion Ntoto Nsulo del Nganga Nkisi como vibracion consciente de La Divinidad que representa a Nsambiampungo en La Tierra.

Esta Firma es de naturaleza kongo lukumi y su significado habla en Ifa porque el Fundamento contiene Ifa. Otra evidencia de que todas las tradiciones en su origen estuvieron conectadas o que La Diaspora ha evolucionado hasta sincretizar el Conocimiento.

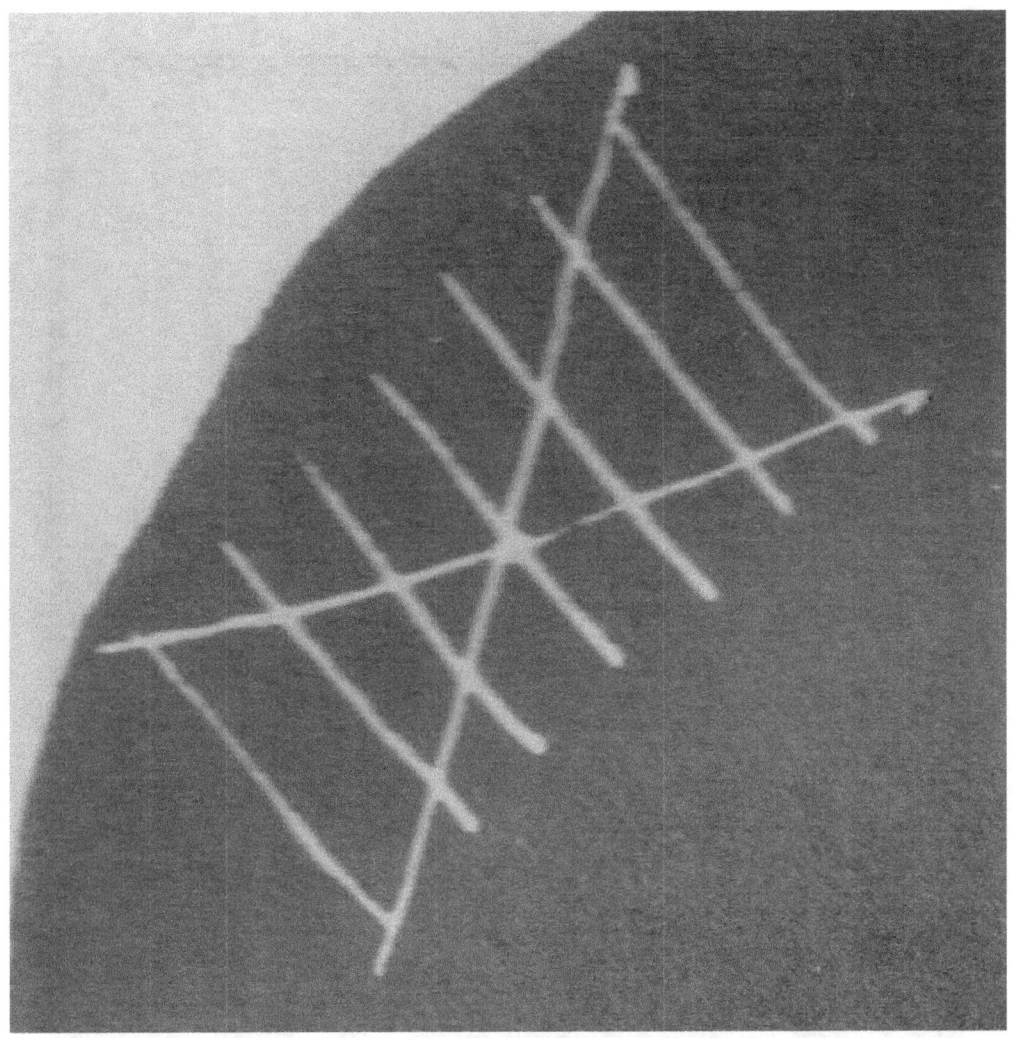

Tratado de 7 rayos Malongo.
Los Congos Reales fundaron la Orden Malongo que confirma en El Cielo y La Tierra las consagraciones de cada Nganga Nkisi.
Es la Firma que conecta directamente con Nfindo y Los Caminos de Mpungo Nfuiri y confiere al Nkisi el poder de Los Palos y Las Plantas.
Los Caminos cruzados potencian el acceso de energia e informacion entre paralelas. Esta Firma es junto a la firma de Nsasi el Fundamento de Nkobo que define los caminos de Mpungo que Nkisi necesita para kuenda bacheche Ntoto.
Tal como es arriba es abajo.

La Firma de Nsasi Kimbisa Ntoto

La Firma de Nsasi es Fundamento de **Nkobo**, los 7 Nkisi donde hablan las 8 dimensiones de manifestacion de energia y vida kosmica que evolucionan y se manifiestan en la dimension 9 en Opa, los universos paralelos entre el Cielo y La Nganga.
El conocimiento bioenergetico que revela esta firma permite determinar el estado vibratorio de la materia y armonizarla mediante Fundamentos que la eleven a otra dimension. Junto a La Firma de 7 Rayos Malongo son el Fundamento de Nkobo que define los caminos de Mpungo que Nkisi necesita para kuenda bacheche Ntoto.

Pensando en kongo.

La Regla Sutumutukuni aglutina y sincretiza las Ordenes de Palo y Ocha.

Muchas Ordenes de Palo no promueven la evolucion de sus iniciados a Ocha y gran parte de iles de Ocha tampoco promueve la evolucion de sus iniciados en Palo. La division esta prejudicando a los inciados que no alcanzan completar el camino con la Bendicion que le pudieran propiciar sus Egun y su Oricha Alagbatori.

La Regla de Ocha tiene dos vertientes actuales; la que sigue la tradicion de Oyo que une Palo y Ocha como el Reino de los Orichas que include el sacerdocio de Ifa, que es la propiamente lukumi, y la otra que sigue la tradicion de Ife que anexa Ocha a Ifa y se autodenomina Yoruba. De esta vertiente se esta desprendiendo otra que se autodenomina lukumi pero sus Orichas y Egun estan sometidos a la jerarquia de Ifa y Orunmila.

Cual representa el linaje ancestral Lukumi? Definitivamente la Regla Sutumutukuni que lee Firmas y habla un lenguage capaz de interpretar el conocimiento kosmico.

Batu Ewe habla el idioma de las hierbas, los bejucos, la virtud del matojo o la maleza que si no trepa no hace sombra al Humano y el que le da sombra tambien sabe quien es y reconoce la identidad de cada una de ellas por su tonalidad y cuando requiere confirmarla le pregunta al Chamalongo lo mismo que al nfuiri, al mpungo que al Nfumbe: de cada cual conoce El Nombre y se comunica con ese poder aliado a su Nkisi a traves de Chamalongo.

Chamalongo es fundamento de la Regla Sutumutukuni. La consagracion de Chamalongo abre la ceremonia de Rayamiento que convierte al Ngombe Nkisi Nganga. La comunicacion con la firma mientras recibe Lucero y Prenda y a lo largo de toda su vida como Kimbisa es a traves de hamalongo.

EL TESTAMENTO DE NSASI, Manual de Palo Monte y Mayombe contiene el Tratado Kimbisa de Chamalongo y quien lo estudia llega a la conclusion de que Chamalongo es el Punto de Partida del fundamento sincretico que gracias a su Lenguaje permite accesar todos los sistemas oraculares que le preceden: el Culto a Obi de Biague y Adiatoto que sirve de Fundamento Oracular a las tradiciones y linajes de Palo Monte, Malongo y Mayombe, Ocha e Ifa segun la Regla Sutumutukuni que incorpora a Oyo y se preserva en su mas ancestral manifestacion en El Nuevo Mundo a traves de Kimbisa.

El fundamento Batu de los Kimbisa Ntoto permite accesar el conocimiento Kosmico a traves de Nkisis Nsambie Ndoki que activan la dualidad espiritu-materia potenciando la apertura de la consciencia al conocimiento bioenergetico legado por el Muerto. El ascesis al conocimiento de La Realidad se realiza por la interpretacion de ella que le transmite el Muerto, Egun a Lucenda Nkisi. Segun sea el grado de evolucion de Nfumbe Egun sera el entendimiento y el grado de integracion que adquiere Kiyumba Nkisi para modificar esa realidad desde su dimension Mpungo, Nfuiri, Nfumbe, Lucenda y Oricha. El fin que persigue el fundamento Batu es propiciar el Ngombe donde reside la encarnacion para que esta alcance la dimension de Oricha Egun.

El componente cultural Batu Ewe alcanza su maximo exponente en las tradiciones del Palo Monte dentro del contexto de los linajes Malongo Mayombe que heredamos de Sutumutukuni. Kimbisa Ntoto organicamente se ha sincretizado con todas las culturas gracias a su raiz batu.

La Regla Sutumutukuni sincretiza el Conocimiento Ewe y provee a la encarnacion el fundamento kongo para completar el transito a la vez que sincretiza el Conocimiento Kosmico dador de La Sabiduria para habitar La Tierra y propiciar lau evolucion de la Consciencia hacia La Luz de Ocha.

La Regla Sutumutukuni sincretiza y es sintesis del Pensamiento kosmico. El conocimiento del lenguaje batu y de Las Firmas es un recurso de acceso al pensamiento kosmico; interpretar la lengua konga y lukumi es la llave para ganar acceso al conocimiento reservado en Orun. Orunmila es el Testigo de La Creacion de Olodumare y Olofi y es accesible en una esfera a la que solo accede Oricha Egun, fundamento que requiere completar el proceso que marca La Firma del Munanso Kimbisa al que ganas acceso consciente cada vez que leas este Tratado.

Orunmila es el Testigo, Ofe de La Creacion de Olodumare. El testigo del matrix que se manifiesta en todas las esferas divinas de Ocha. Ocha es vibracion de Luz que procede de Ntango Olorun y Mposi Ochukua y Nfindo Ozain, vibraciones que dan origen a los Mpungo Nfumbe Egun Orichas y su residencia en Onile.

De la energia nsambi-ndoki que se cataliza en Mposi, La Luna y La Sabiduria de La Luz reflejada, Testigo de toda Trinidad creativa, nacen millones (256×256x256 sumando solo las probabilidades de los primeros tres Odu hasta el ire o el osorbo y dejando fuera la suma hasta Timbelaye) de vibraciones, onas de Olorun, el Sol y las Aguas que rigen sobre cada forma de materia en Ara.

Sutumutukuni incrementa la ancestralidad del conocimiento de Orun en La Nganga Kimbisa por la jerarquia del Nfumbe Nganga y el acceso de ese Nfumbe Nganga a esferas mas altas de interaccion con la realidad de Odu en Aye. donde los nfuiri y mpungo transmiten la Sabiduria al Nfumbe Nganga y a Egun aumentando su Luz para transmitir el mensaje codificado de La Luz de Odu en Ara.

Impori es el nombre de la conexion que tiene el Oloricha con el Matrix que viene hablando en Chamalongo y en Obinu, en Nkobo, Batuamento y Dilogun e Ifa. Impori conecta con Ojiji y la vibracion Oricha que viene hablando Odu. **Impori es Nfumbe**. El interprete de Odu –inevitablemente cuando se trata de consagrar propiciando la Bendicion de Olodumare– debe tener consagracion en Igba Iwa Ache para conectarse con Impori, el Nfumbe y poder alcanzar el grado de divinizacion que permita la manifestacion Oricha en Estera. El interprete de Odu debe rendirle culto a Impori y debe consagrar su Fundamento al fin de cada Ita. Cuantos Obas que estan propiciando Ocha propician a Impori? Sin consagracion de Impori no se puede propiciar al Nfumbe en Lucenda Nkisi porque seria falta consagrar la cabeza de un Nkisi si no se es Nkisi Malongo.

Sin Igba Iwa Ache Oricha no se alcanza la consagracion para propiciar la interpretacion de las manifestaciones de Odu en Orun y en Aye. Las manifestaciones de Odu en Orun son interpretadas a traves de Ifa, que accesa al conocimiento del ascenso y descenso de Odu; Odu se expande en Aye y se manifiesta Oricha y habla en Ate cuando el Oloricha puede interpretarlo en Ita con el Dilogun. La amplitud y expansion de interpretacion de Odu esta directamente relacionada a las consagraciones del Oba por lo que el Oba debe tener todos los Odus que puedan venir a la

Estera en su Leri y por tanto debe haber sido consagrado en Igba Ache. El Obakinioba, el Obatero, El Oriate y los Oba marcados por Odu, segun la Jerarquia de su Odu alcanzan diferentes grados dentro de las Escalas de Divinizacion. Ogbedi dice que cada cabeza tiene su asiento ante Olofi. A mayor consagracion mayor Jerarquia para representar al Oricha en Ara y por tanto mayor responsabilidad y compromiso con Olodumare.

Sin Igba Iwa Ache Oricha la interpretacion de Odu no representa al Oricha y por tanto su compromiso no es directo sino a traves de Orun y el que habla en La Estera es El Muerto no Oricha Egun.

De la misma manera que Nsambiampungo es un requisito para consagrar Prendas e Nkisi, Igba Iwa Ache Oricha establece la conexion entre Aye y Orun y repica como la antena de un satelite que orbita transmitiendo entre Ocha e Ifa conectando a la encarnacion con la consciencia kosmica y Las Divinidades Oricha que le guiaran en Ita para completar el transito satisfactoriamente y con Ache, por lo que es un requisito de Ocha.

El Palo es Luz de Egun y de Ocha. Iku lobi Ocha. El Olocha que es Palero y dio menga Nganga tiene mas acceso a la informacion de los Npungo Ntoto y puede transferir una informacion que el no Palero no alcanza interpretar.

Nkisi Ndoki asciende a la Luz y puede trasferir su informacion de acuerdo a su ancestralidad, que es anterior al origen de Oyo. Una vez en Oyo ese Nkisi armoniza con Egun en la dimension Opa Oricha y habla en Estera por Egun no por el Oricha. Para divinizarse ese Nkisi tiene que alcanzar La Corona de su Odu y recibir Igba para consagrar y confirmar el Afudache en su Decreto de Odu para el bien de la persona que esta propiciando su transito por Onile.

Sin la consagracion en Igba Ache Olodumare no se alcanza la Divinizacion Oricha que la responsabilidad del Decretar exige para un Dignatario de Ocha en La Estera.

Como veran la Regla Sutumutukuni posee el Fundamento de las Ordenes de Palo Monte, Mayombe, Ocha e Ifa. **La Firma del Munanso Kimbisa Ntoto** lo demuestra.

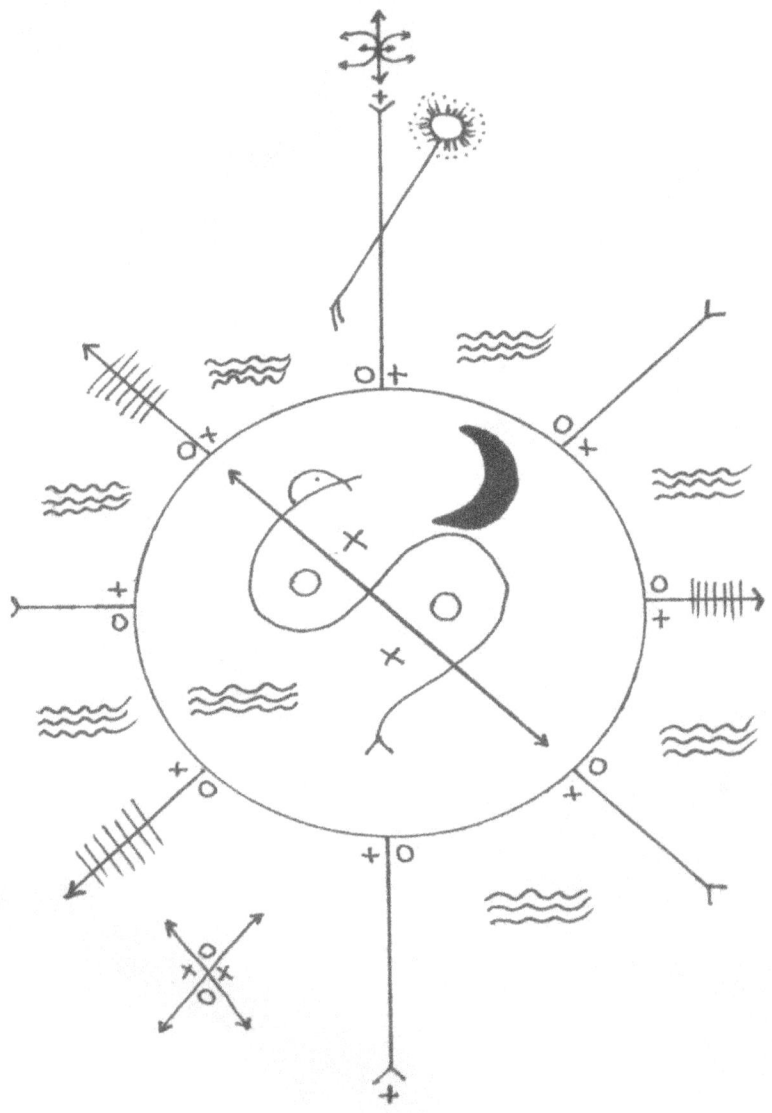

Tratado de Baluande. Firma del Pacto con Mposi.
Para fundamentar Madre de Agua se monta en La Mesa y se le da Nsuso con la Prenda.
Para que una Nsala pueda cruzar el mar.

Tratado Kimbisa de Las Firmas. NSALA BACHECHE. Obakinoba Obatesi

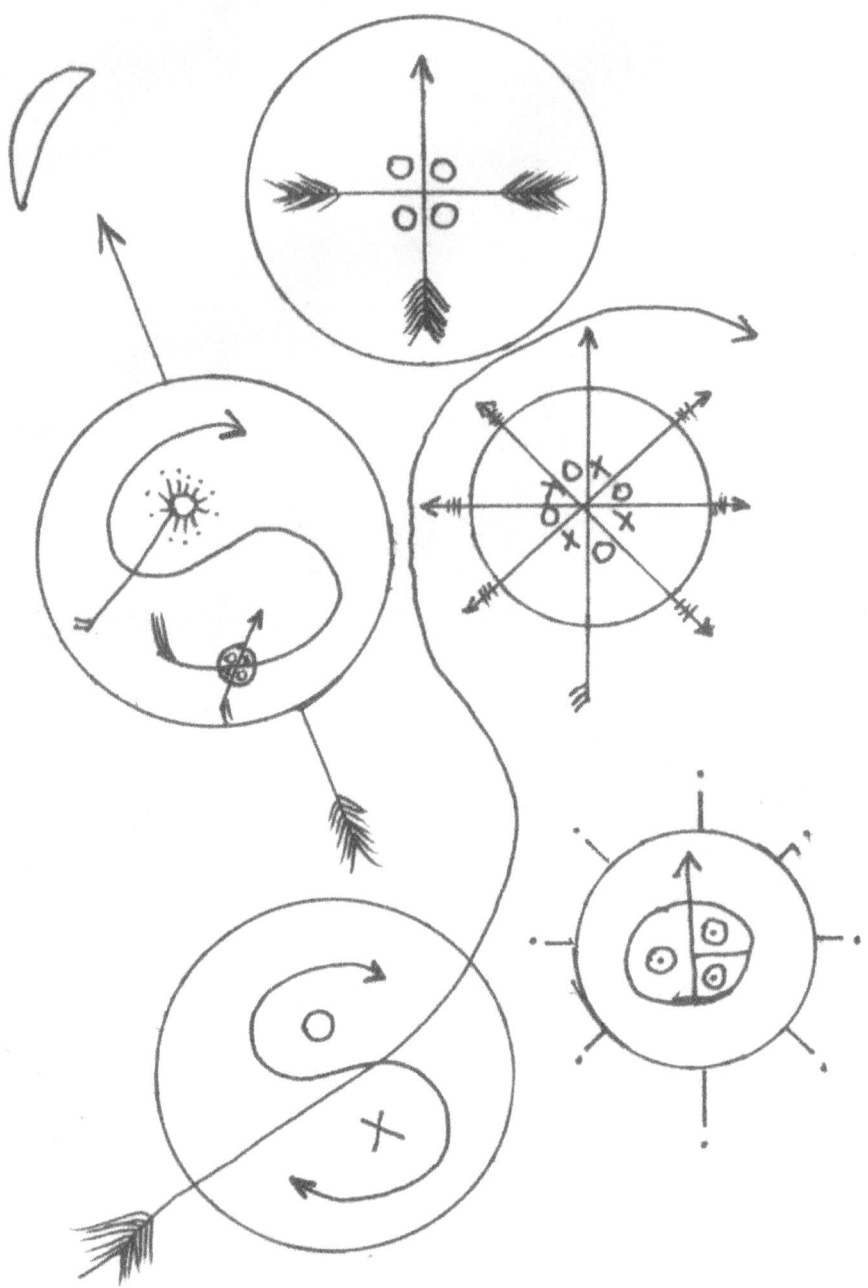

Tratado de Zarabanda que comanda el Nfumbe.
Para espantar muertos oscuros y obsesores se limpia con Nsuso
y se le da a la Firma y/o a la Prenda. Tambien con Mpemba y fula o
cascarilla y tambien con harina de maiz, Nsunga y Malafo.
Para enviar hay que darle lo que pide 4 Vientos y La Prenda desde Mpemba
hasta menga burubutu.

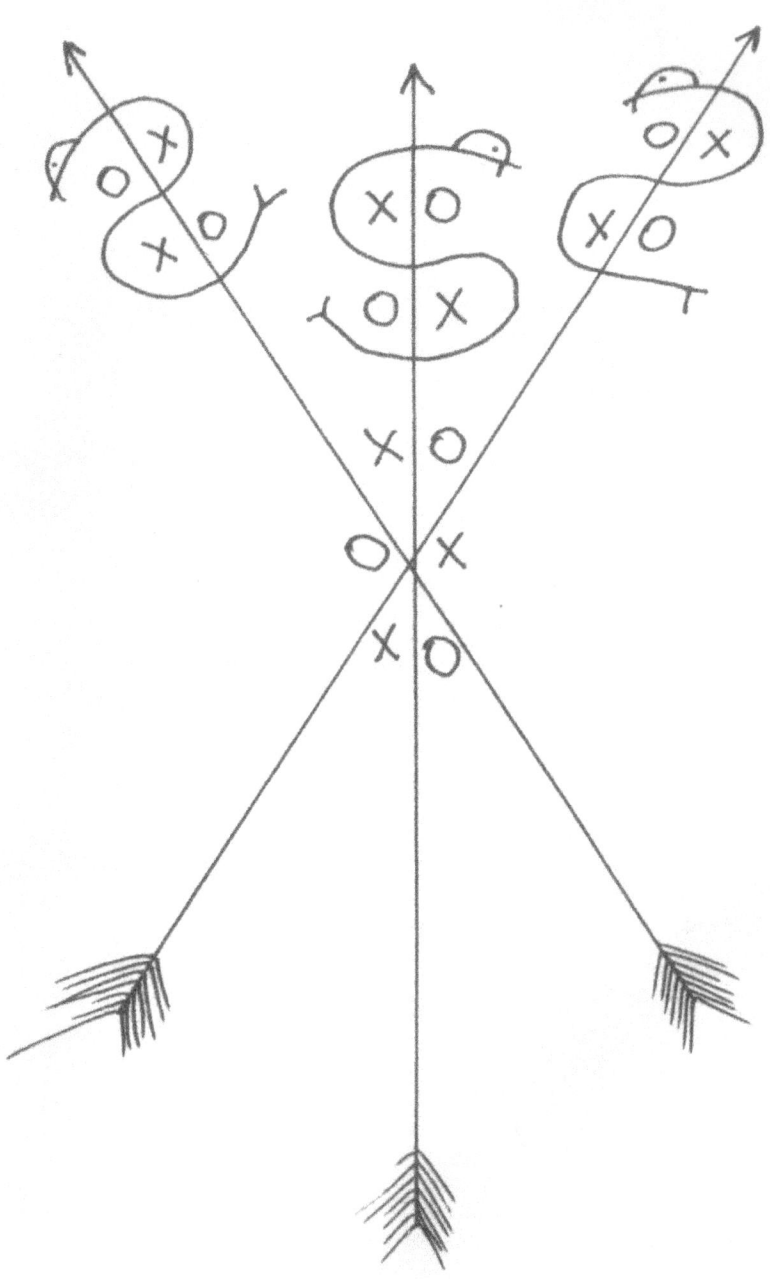

Tratado de Zarabanda Verdugo Prieto.
Artilleria con ojivas y escudo disuasivo. Camina en todas las Prendas de Zarabanda y fortalece los Ngandos.
Firma para proteger de desastres y ruina.

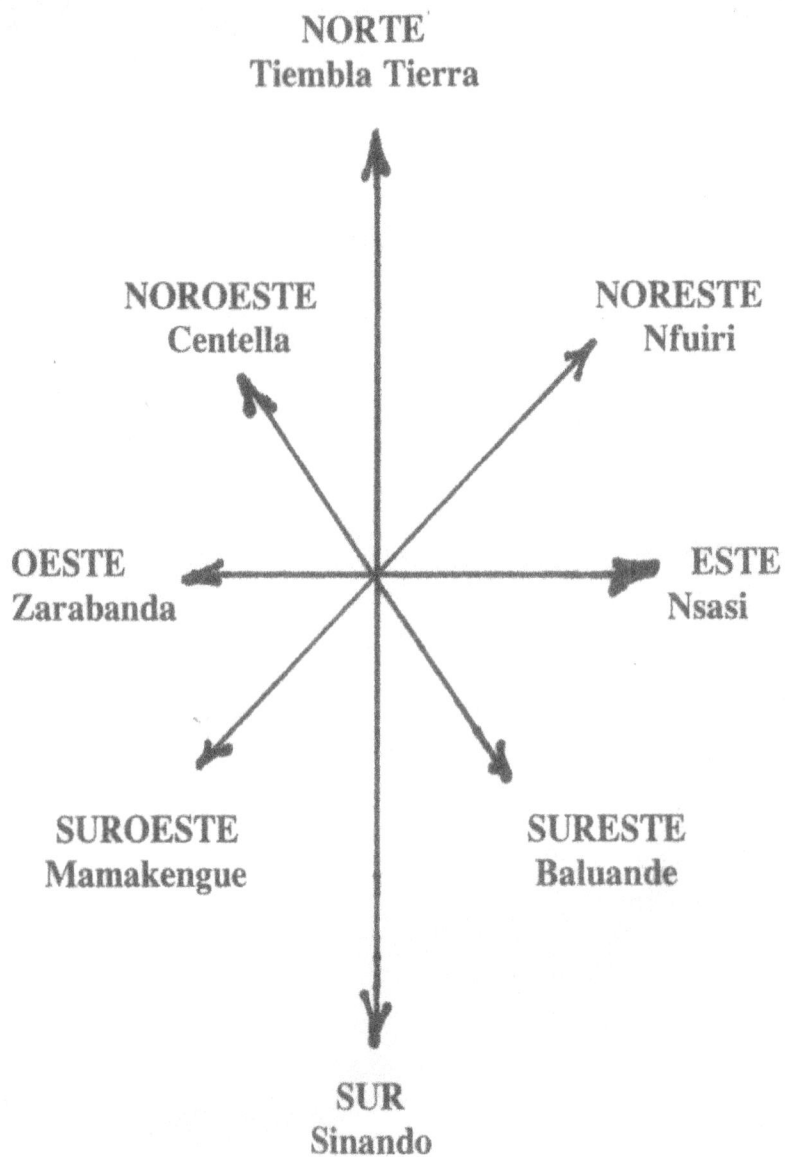

Esquema de ubicacion de los Nsambi en los puntos cardinales que potencian su vibracion kosmica.

Tratado Kimbisa de Las Firmas. NSALA BACHECHE. Obakinoba Obatesi

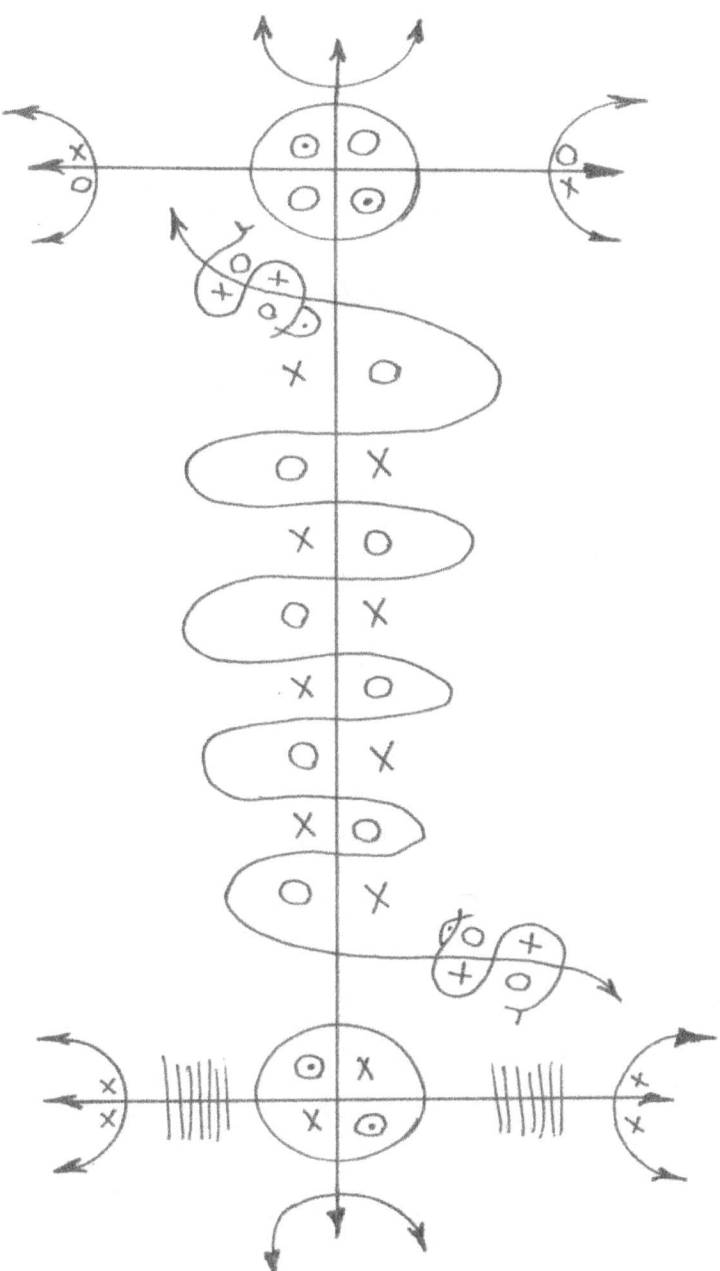

Tratado de Tutukankasi

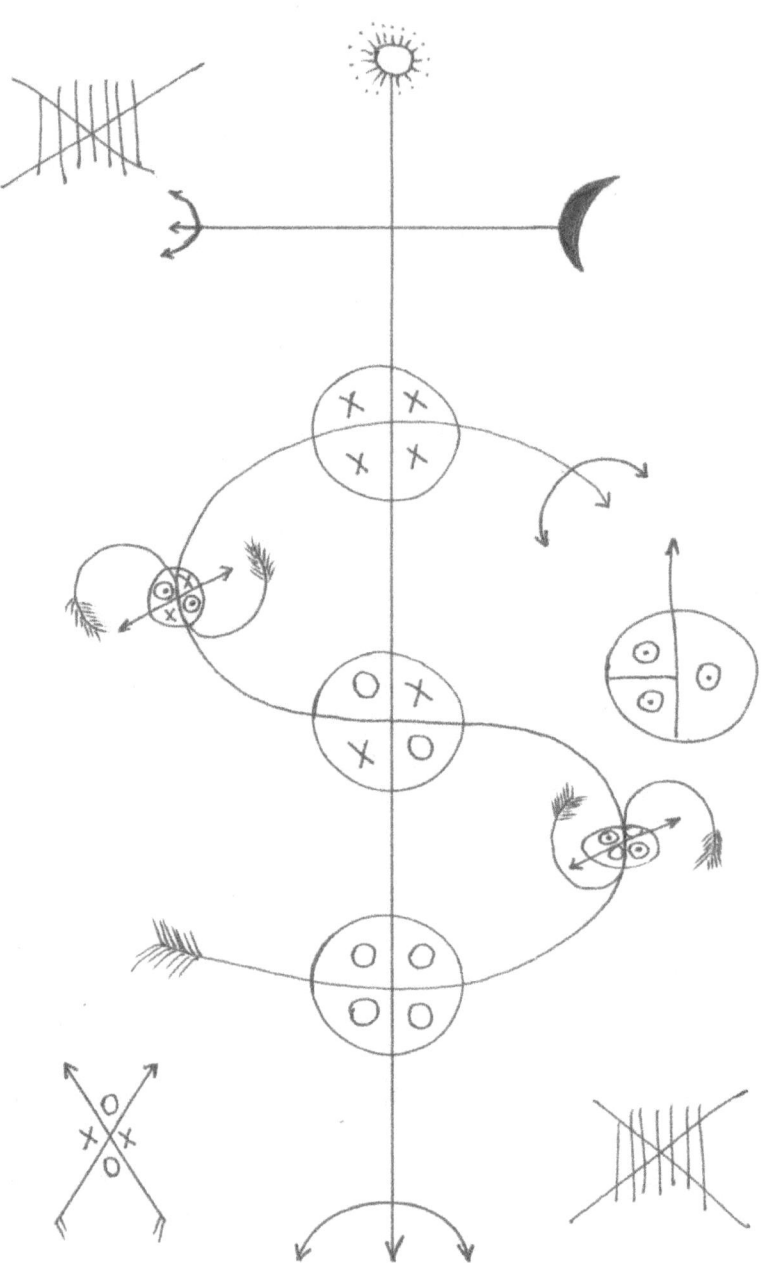

Tratado de Ntangomposi
Firma de Plante.

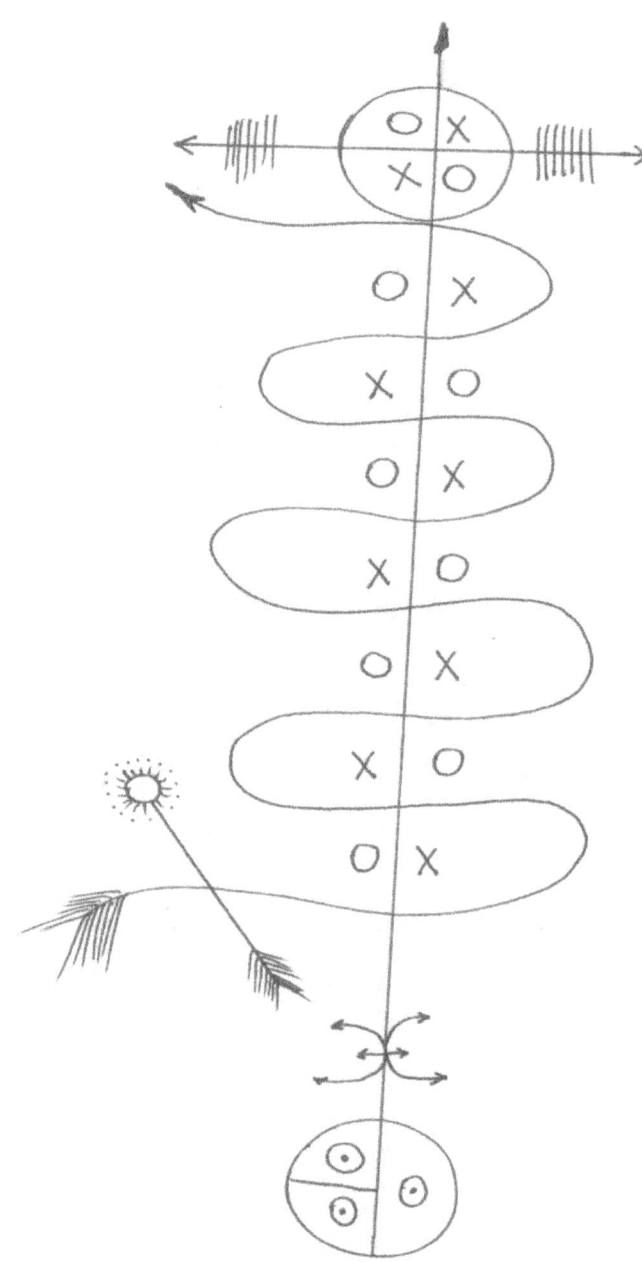

Tratado de Nsambiampungo
Para retirar enviaciones con una Mpemba y ofrenda a los Nfumbi Nsambi

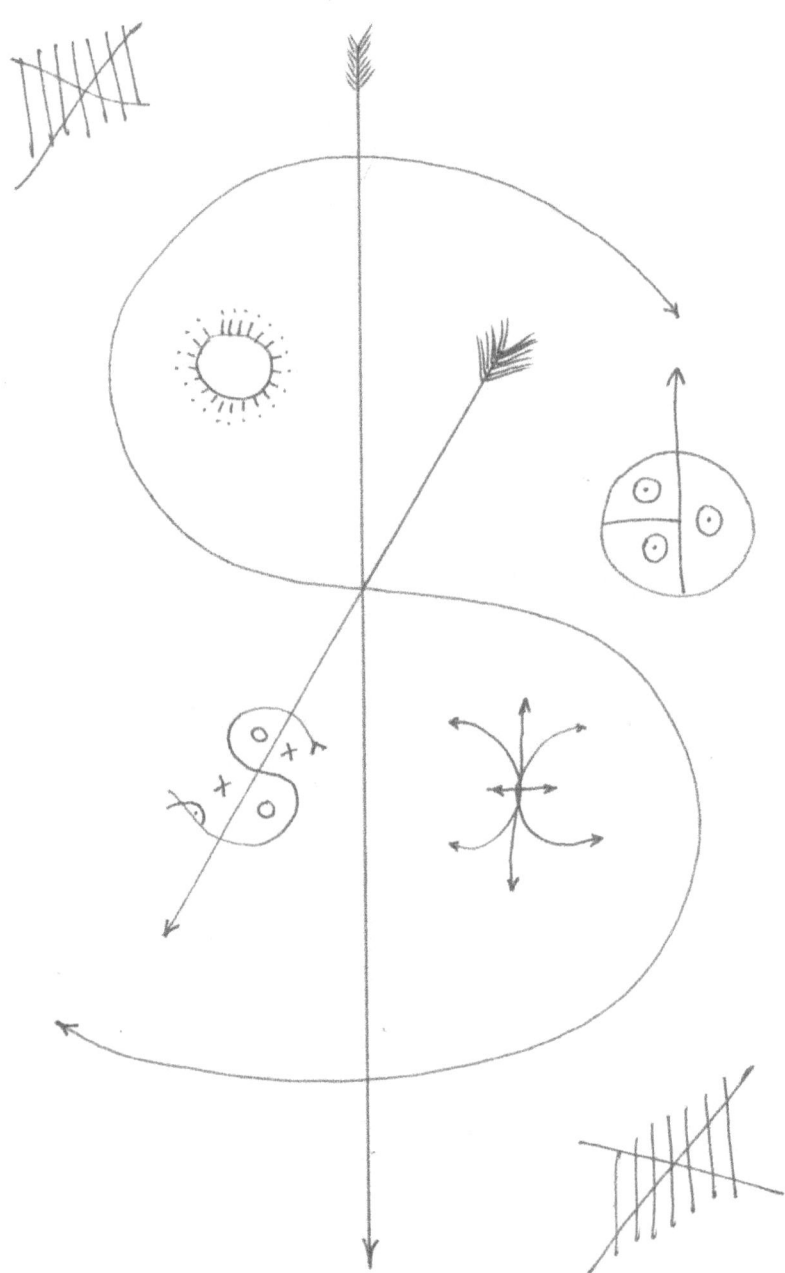

Tratado para darle de comer a Elegua con la Prenda
Firma de Plante
Para la proteccion de posesiones y fortalecer una nsala se le ofrenda una Plaza a la Nganga con esta firma.

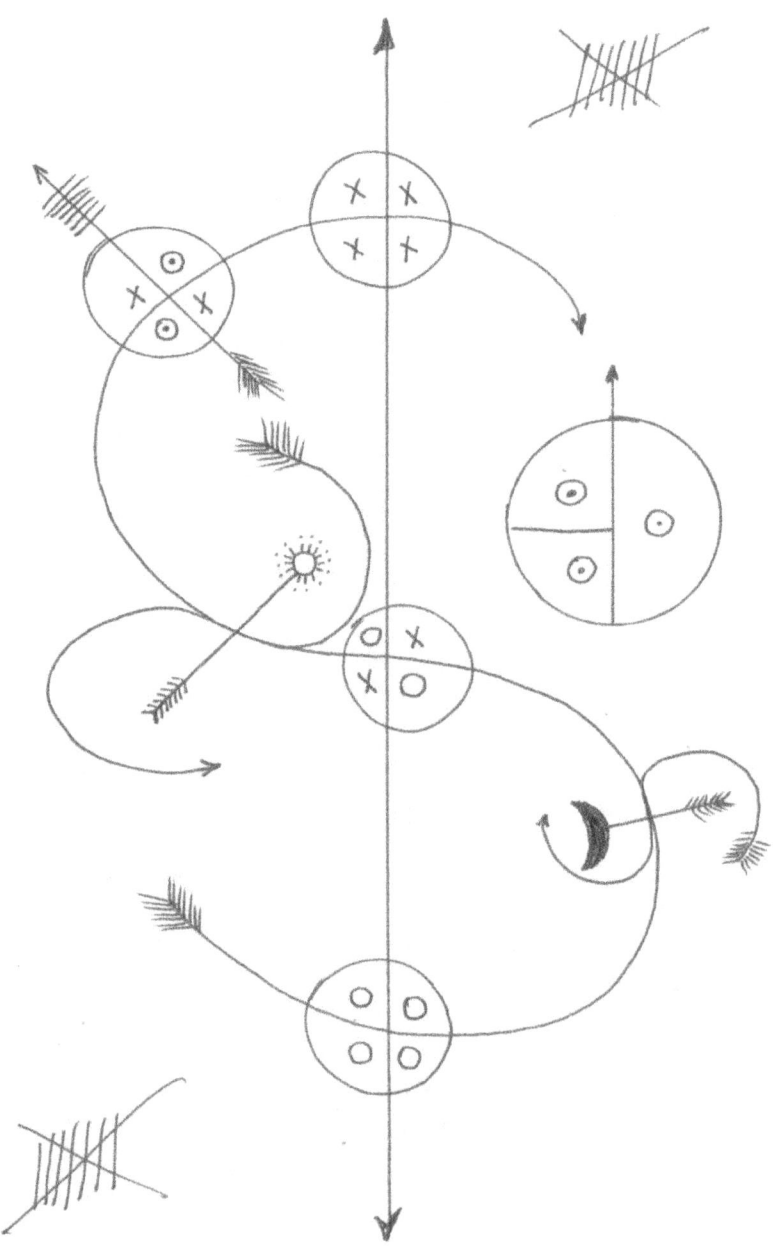

Tratado de Igba Iwa.
Nsala Bacheche con Nkunia y el Lire.

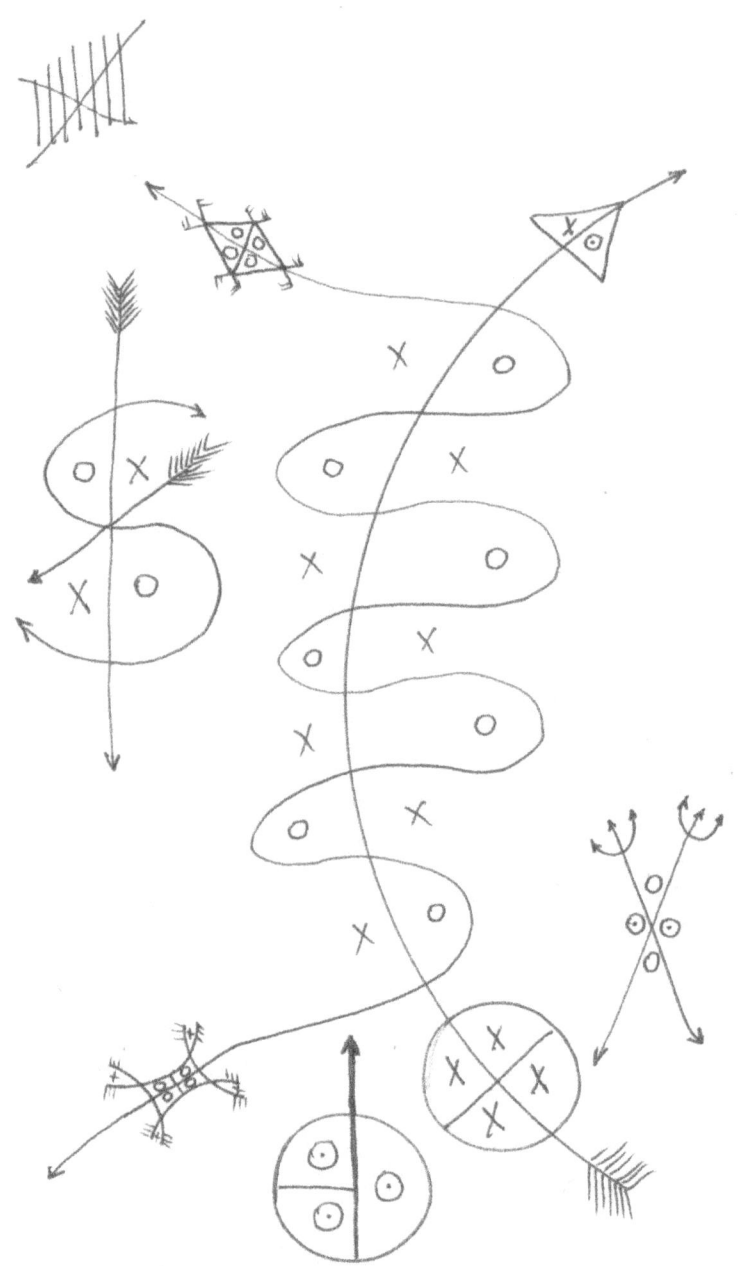

Tratado de Centella Ndoki.
Firma para vencimiento y evitar problemas legales y triunfar en juicios.

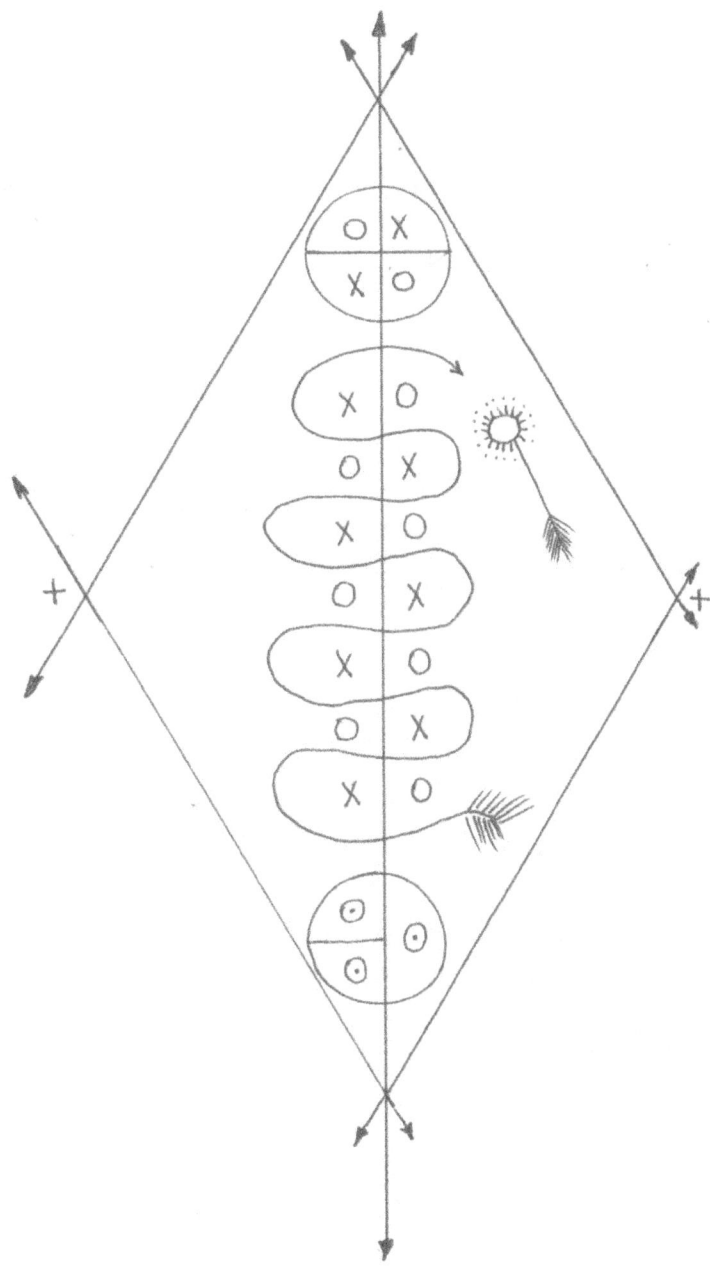

Tratado del Pacto del Nfumbe con Nsasi, Nfindo y Olorun para obrar en bien y en mal. Escudo protector para Nsala Ndoki y refuerzo de Nsala Nsambi.

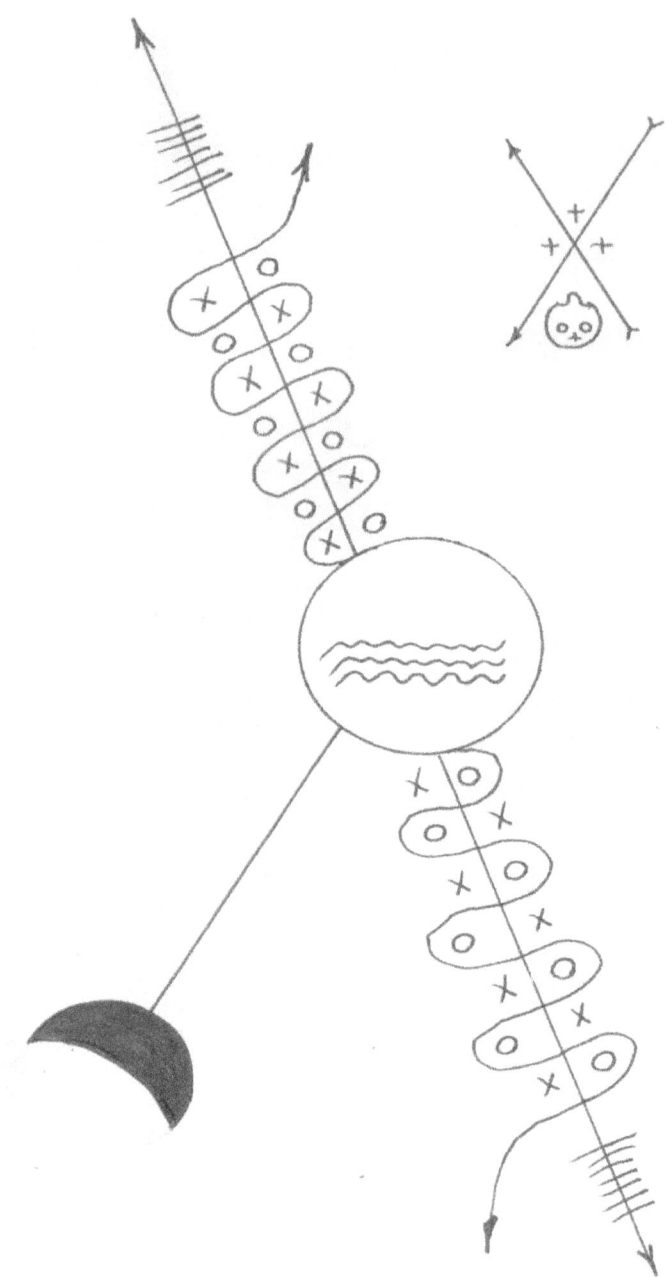

Tratado de Madre de Agua.
Firma para favorecer la creacion y proteccion en embarazos y partos.

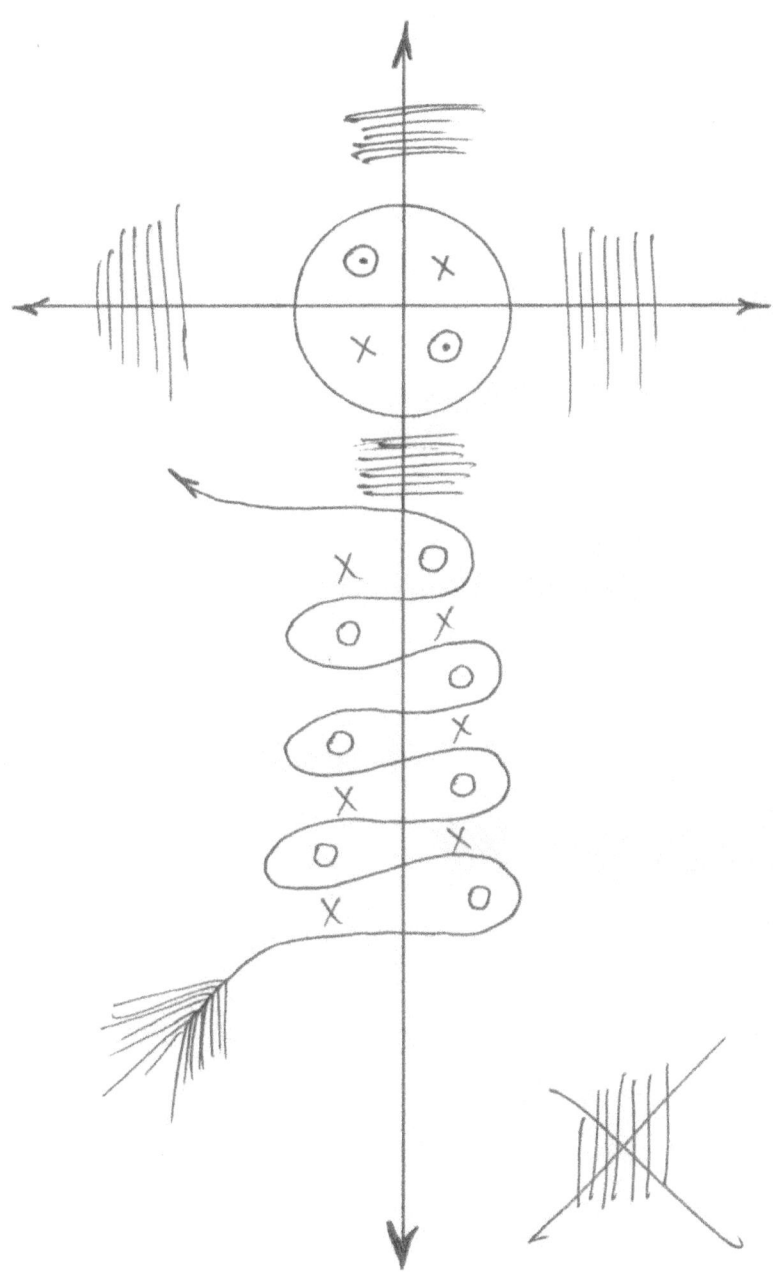

Para darle de comer a Nsasi en El Lire

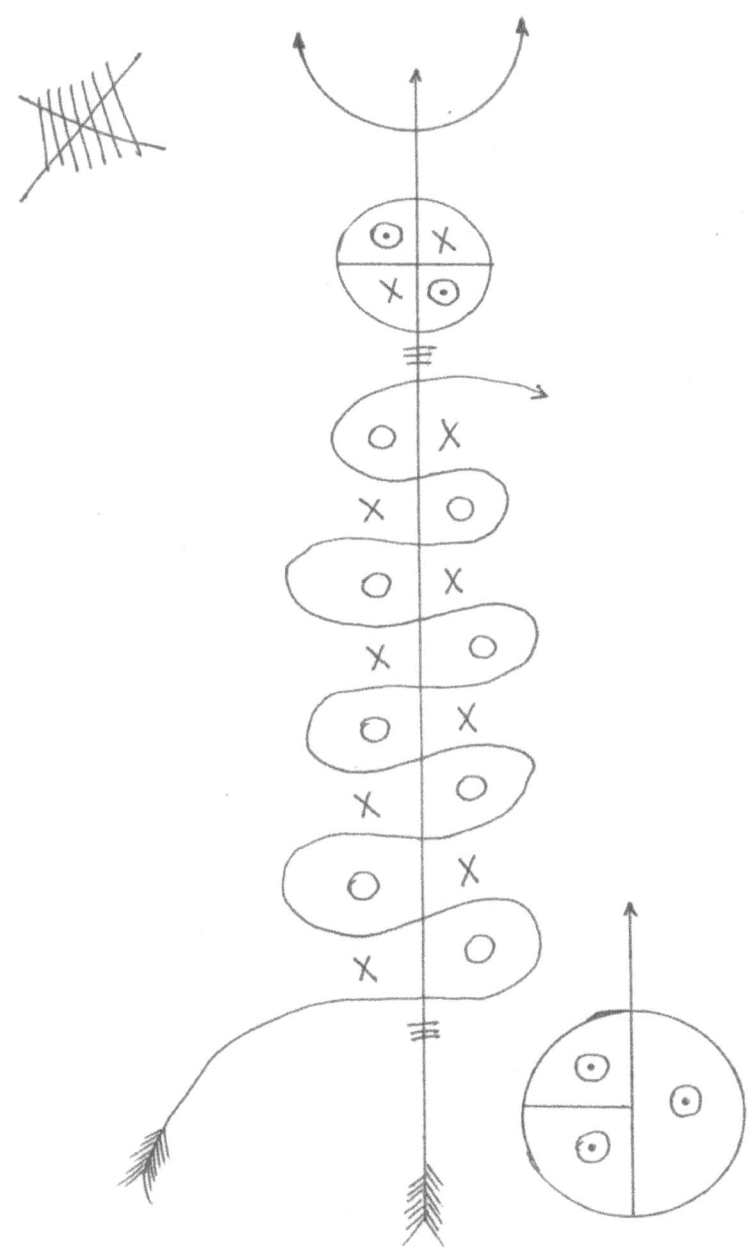

Tratado de Pacto Ndoki con Nfumbe
Firma para consolidar negocios y reafirmar la prosperidad de Nkisi

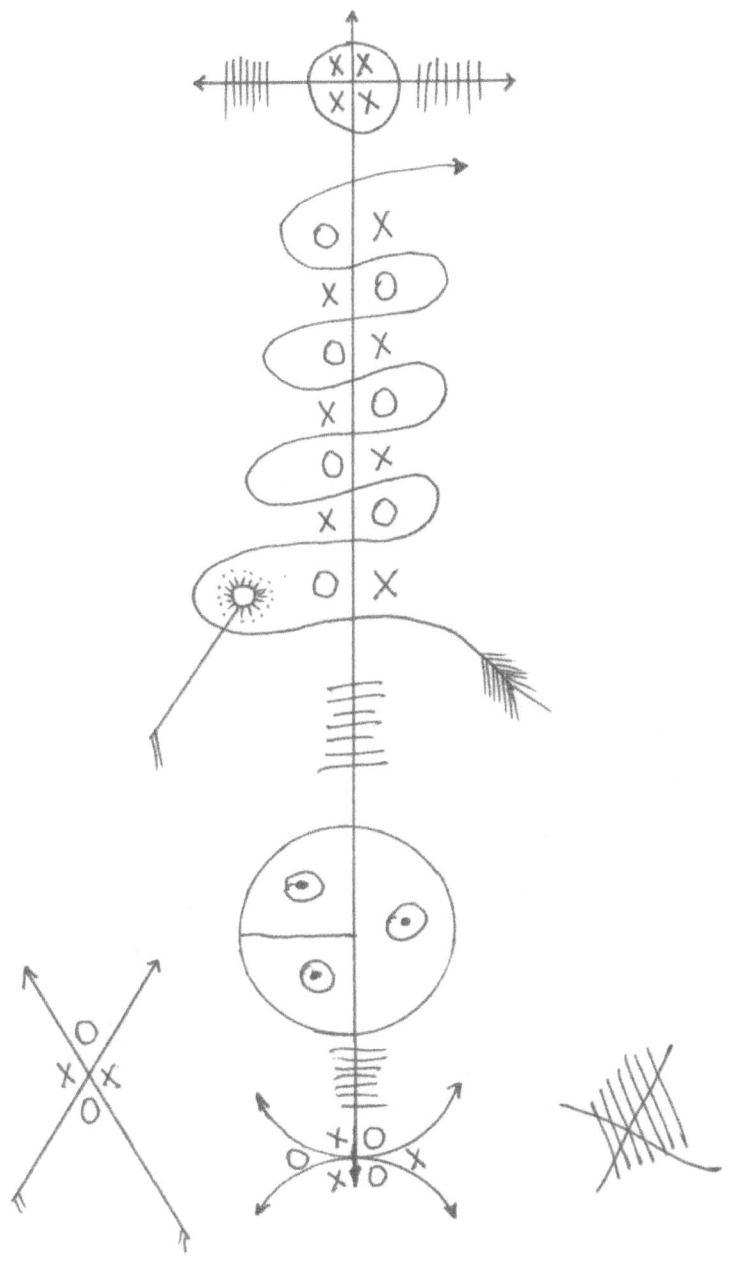

Tratado Ndoki de 7 Rayos Nsasi.
Pacto Nganga Vititi Kongo, Mayaka y Kimbisa Ntoto
Firma para Justicia .

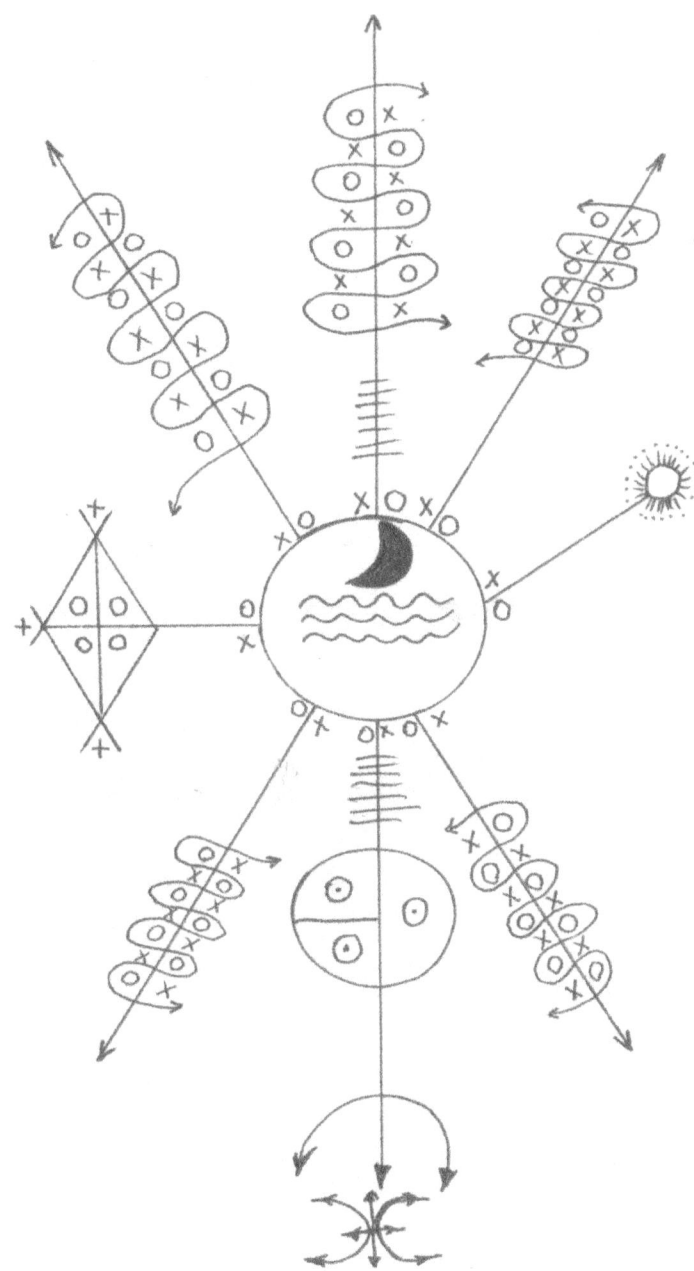

Tratado de Chola
Firma para establecer negocios y propiciar prosperidad

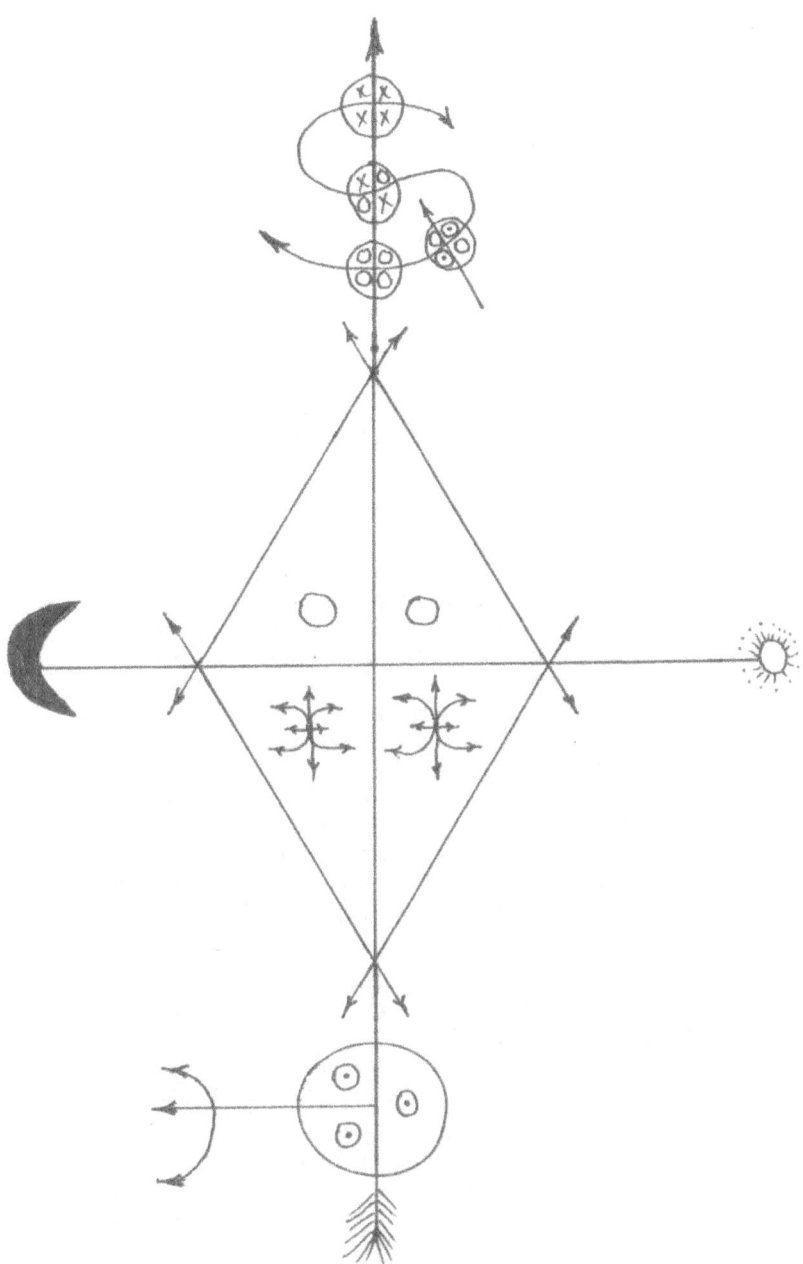

Tratado de Watariamba
Firma para Nsala de Justicia Ndoki. El que la use debe estar muy limpio de cuerpo, corazon y mente. Compromete con La Justicia Divina por pacto con 4 Vientos.

fundamentación epistemológica

El conocimiento de la energía kósmica rigiendo
a la materia en los diversos estadios de manifestación
del Ser, es el fundamento epistemológico
de la Doctrina Kósmica.

La dimensión de este conocimiento trasciende
la esfera epistemológica de la cultura judeo-cristiana
determinante de la civilización occidental,
al establecer postulados relativos a los niveles
evolutivos de manifestación bioenergética y ecológica
del Ser y su aplicación consciente a los diversos
estadios de la materia y el Hombre, según los cultos
de origen africano que forman parte de las tradiciones
de la Regla Osha y la Regla Sutumutukuni, fuentes
del culto a los Orishas, la Orden de Ifá-Olofin,
la Macumba, la Umbanda, el Voudu, el Palo Monte o Mayombe
y la Orden Abakuá, el Gagá, el Radá, etc.,
que evidencian la aplicación histórica de esos conocimientos*
como parte de un programa para el desarrollo humano
que ha dado indudables resultados a niveles individuales
y sociales en el contexto afroamericano.

Estos programas para el desarrollo humano parten
del presupuesto de un conocimiento pleno de la bioenergía
y su interacción ecológica en todos los estados
de la materia y el Hombre, concebido como unidad de cuerpo
y mente vibrando en la totalidad ecológica del Ser.

El valor epistemológico de esos conocimientos
lo ratifican los más recientes descubrimientos que, gracias
a los avances de la ciencia contemporánea, han permitido
que físicos, fisiólogos y sicólogos asuman la integridad
de cuerpo y mente en los procesos químicos y bioenergéticos
del cuerpo humano como materia ecológica capaz
de evolucionar hacia estadios superiores de conciencia
kósmica.

Copiado del Orunmila Eleri Kuim, La Doctrina Kosmica Kimbisa, 1989

Mágika

Del mismo modo que la esencia en movimiento incorpora elementos que la modifican energéticamente, las esencias del Nombre relativo pueden ser modificadas incorporándoles signos que actúen sobre el significado y el significante.
Para modificar la materia del Nombre,
los Kimbisa utilizan signos que actúan sobre la estructura molecular de la materia generando nuevas esencias evolutivas; también poseen fórmulas para la modificación evolutiva de los seres hacia las diversas esferas de manifestación de la materia.

Fórmulas para actuar sobre la materia concreta:

Nsambie   Ndoki   Nsambie-Ndoki

Fórmulas para actuar en la materia bioenergética:

Nsambie-Nfumbe   **Ndoki-Nfumbe**

Copiado del Orunmila Eleri Kuim, La Doctrina Kosmica Kimbisa 1989

Nsala Bacheche

La Regla para cualquiera de las Ordenes de Conocimiento de origen africano dice que venimos a La Tierra para aprovechar la oportunidad de alcanzar la divinizacion en este transito.

La Firma del Munanso Kimbisa Ntoto es una evidencia de La Unidad de Palo, Ocha e Ifa --como antecedente historico y Nganga que tiene El Fundamento de esa unidad plantado y recibiendo menga burubutu en La Tierra-- y una guia que conduce a la Divinizacion de La Encarnacion en este transito.

El divisionismo etnico cultural de las Ordenes de Palo, Ocha e Ifa confluye todo en La Regla Sutumutukuni, Ewe, que los reune. La Firma Kimbisa lo prueba.

Quienes no han completado el proceso que requiere su encarnacion tienen en La Firma Kimbisa trazado el camino de la Regla Sutumutukuni para hacerlo: Consagrarse Nkisi Nganga y Ocha Leri y buscar La Divinizacion completando Ita y recibiendo Odu.

Como nadie puede dar lo que no tiene y Nsambiampungo y Olodumare continuan facilitando la Bendicion de Su Fundamento Nganga y las consagraciones de Oricha Egun a neofitos, aleyos, Tatas y Olorichas, la Nganga Kimbisa tiene barracones y Nkisi en muchos sitios del Planeta que sirven de instrumentos de divinizacion para que alcances encontrar el camino de regreso a casa.

Para contacto con Nkisis facilitadores del Munanso Kimbisa Ntoto en tu area visita
http://www.munanso.com

Para consultas telefonicas con el Obakinioba y La Yaya del Munanso Kimbisa
http://www.keen.com/kimbisa

Otras publicaciones del Autor disponibles en Internet

DILOGUN e-Glosario ISBN 0-9760446-76
Edicion digital
Para suscripciones en internet visita:
http://www.munanso.com/dma2.html

Ediciones impresas disponibles en La Libreria Kimbisa
http://www.munanso.com/books.html

El Testamento de Nsasi. Manual de Palo Monte y Mayombe
ISBN 09760446-0-9

Manual de Santeria Lukumi OCHA LERI
ISBN 0976044641 Edicion Impresa.
e-book

EL DILOGUN, Manual Adivinatorio, (La Sabiduria del Caracol)
ISBN 0-9760446-1-1
Link en Lulu.com

Tratado de Odua e-book
Link en Lulu.com

Indice de contenido

Firma de Lucero **3**
Agradecimiento **4**
Firma de la Orden Kimbisa Ntoto **5**
Ntondele kuame **6**
Prologo del Obakinioba Obatesi **7**
El pacto Kimbisa Mayaka **8**
Las Firmas. *Compilacion de Don Fernando Ortiz* **10**
Nsala, Tratado de Nfumbe Nganga **11**
Nsambiampungo **15**
Orunmila **16**
Los Congos Reales **17**
Tratado de Nsasi **18**
Pensando en kongo **19**
Tratado de Baluande 7 Sayas **23**
Tratado de Zarabanda **24**
Tratado de Zarabanda Verdugo Prieto **25**
Los Nsambi **26**
Tratado de Tutukankasi **27**
Tratado de NtangoMposi **28**
Tratado de Nsambiampungo **29**
Para darle de comer a Elegua con la Prenda **30**
Tratado de Igba Iwa **31**
Tratado de Centella Ndoki **32**
Tratado del Pacto del Nfumbe **33**
Tratado de Madre de Agua **34**
Tratado para darle dee comer a Nsasi en El Lire **35**
Tratado de Pacto Ndoki con el Nfumbe **36**
Tratado Ndoki de 7 Rayos Nsasi **37**
Tratado de Chola **38**
Tratado de Watariamba **39**
Fundamentacion epistemologica de los Signos **40**
Magika **41**
Nsala Bacheche **42**
Referencias Bibliograficas **43**
Indice general **44**

www.ingramcontent.com/pod-product-compliance
Lightning Source LLC
Chambersburg PA
CBHW081220230426

43666CB00015B/2824